いのちの言葉文庫 vol.8

古今東西の100名言集

愛の言葉

LOVE

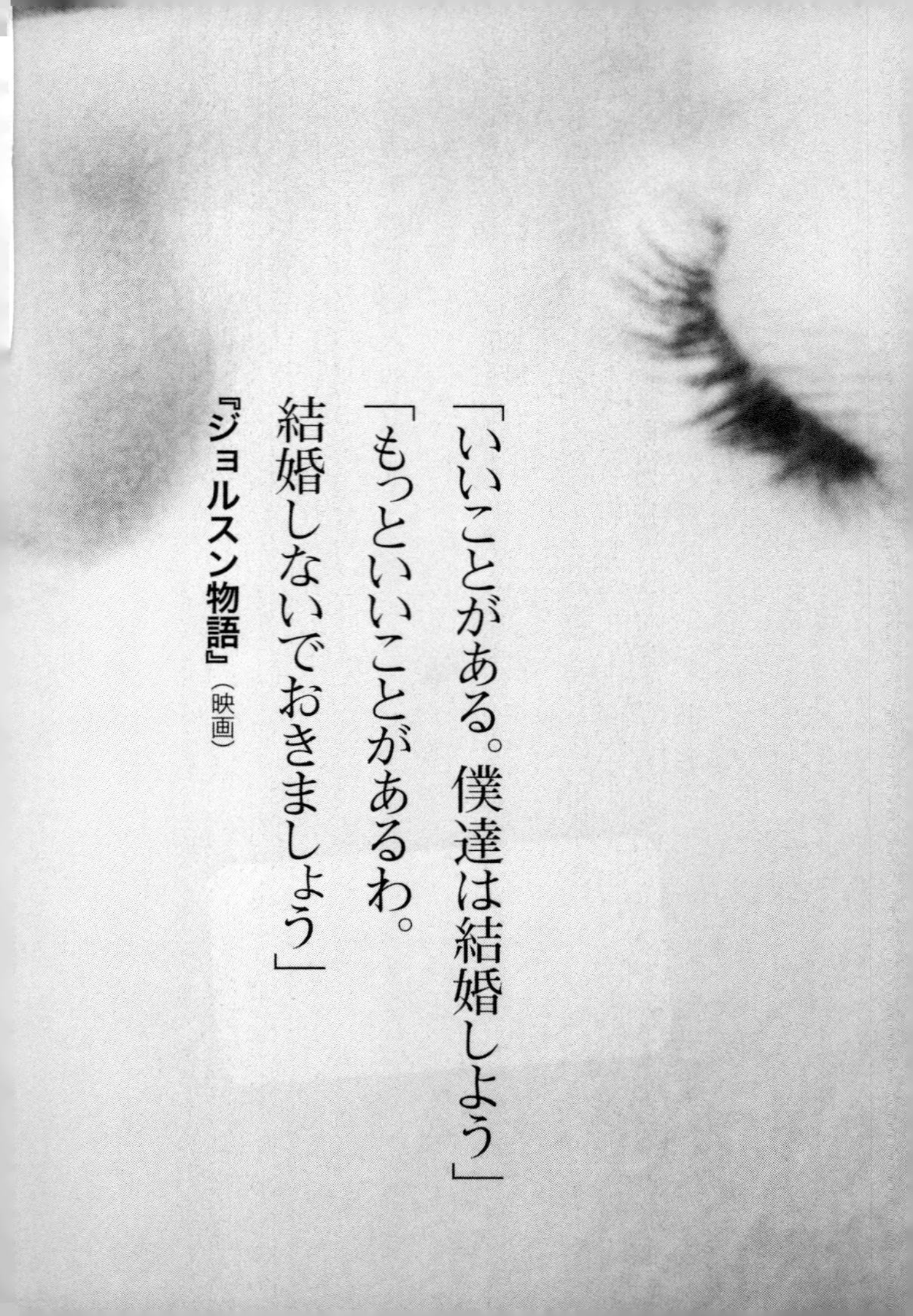

「いいことがある。僕達は結婚しよう」
「もっといいことがあるわ。結婚しないでおきましょう」

『ジョルスン物語』（映画）

「いのちの言葉」文庫　刊行によせて

言葉はあなたを救います。言葉はあなたを励まします。言葉はあなたを導き、あなたの人生をいきいきとさせてくれます。ゆたかな言葉は、まさしく「いのち」の源なのです。

賢人、偉人、達人たちが遺《のこ》してくれた数々の名言は、私たちの心に宿り、英知の源泉となり続けることでしょう。人生に希望を！　人生に勇気を！　人生に輝きを！

ここに古今東西、オール・ジャンルの「名言」「金言」「箴言《しんげん》」を散りばめた、言葉のアンソロジーを刊行します。

一片の言葉との出会いが、あなたの人生をすばらしいものに変えてくれる可能性を秘めています。人生にもっとも必要なもの、それは言葉です。

さて、シリーズ8冊目のテーマは「愛の言葉」です。男女の恋愛につきものの「情熱」「嫉妬」「結婚」「失恋」「報われぬ恋」「別れ」など、さまざまなテーマに関した名言を集めました。

これほど洋の東西を問わず普遍的なテーマも珍しいでしょう。国境を越え、時代を超えて、なお力強くわれわれに響く名言が数多くあります。

そこには女性の可憐さや小憎らしさを明言した男性がいるかと思えば、一途にひとりの男性を想い続けたり、あまたの恋愛遍歴をかさね絶望した女性の言葉もあります。また、結婚に関してはポジティブ／ネガティブな名言が入り乱れて百花繚乱の趣です。それでは人類永遠のテーマをお愉しみください。

いのちの言葉　編集部

LOVE

contents

Aphorism（アフォリズム）―格言

語源はギリシャ語。金言、箴言、座右の銘、警句などの意味もふくんでいる。人間の真理、心理、教訓、恋愛、生き方、人間関係などを、簡潔に端的な言葉でうまく言い表した文章。

LOVE contents

愛の言葉

LOVE

LOVE 1 th

ともかく結婚せよ。
もし君が良い妻を持てば、
幸福になるだろう。
もし君が悪い妻を持てば、
哲学者になるだろう。

ソクラテス Socrates
哲学者／紀元前470~399

「そしてそれは、誰にとってもいいことだ」と続く。ソクラテスは今日ある哲学の祖である。勇気、幸福、徳といったテーマについて、示唆に富んだ言葉を多く遺したが、彼の妻は大変な悪妻だったと伝えられている。あるときソクラテスは妻と言い争いをし、頭から水をかけられた。すると彼は「雷が落ちたあとに大雨はつきものだ」と、静かに述べたという。そのようなソクラテスが「結婚はいいものだ」と言っているのだ。男は妻を、女は夫を、やはり得るべきなのだろう。

死んだ女よりもっと哀れなのは
忘れられた女です。

マリー・ローランサン Marie Laurencin
画家／1883~1956

ピカソ、シャガールなど天才たちが集う、フランス20世紀初頭の「美しき時代」に生きた女性画家。パステルカラーで描かれた、夢見るような少女、憂いを帯びた表情の作風で知られる。前衛詩人アポリネールとの恋と別れは有名。右は彼女の詩『鎮静剤』より。堀口大學訳で抜粋すると「捨てられた女より/もっと哀れなのは/よるべない女です/よるべない女より/もっと哀れなのは/追われた女です/追われた女より/もっと哀れなのは/死んだ女です/死んだ女より/もっと哀れなのは/忘れられた女です」。女を幻想的に描いた画家の、言葉による陰影の表現。

経験が役に立たないのは、
とくに恋愛の場合にははなはだしい。

ポール・レオトー Paul Léautaud
作家／1872~1956

誰もが思う。「恋愛には法則がない」と。爆笑問題の太田光も東京外大での恋愛相談で同じようなことを言っていた。過去の恋愛経験はなんの役にもたたない、と。こんな恋愛はもうこりごり、二度としたくない、心は痛み足腰立たないほどのショックを受けても、またぞろ恋の穴に落ちてしまう。人間は恋する懲りない面々だということだ。恋などしないに越したことはないのに――経験はそれを止めてはくれない。なんの役にも立たないのだ。長大な文学的「日記」を残した20世紀フランス文学の鬼才による、「経験」を元にした格言。

男は別れの言い方がわからない。
女はそれを言うべき時がわからない。

ヘレン・ローランド Helen Rowland
ジャーナリスト／1875~1950

女性コラムニストにしてユーモア作家による、いかにもアメリカ的なアフォリズム。ジョークってヤツが効いている。他に「ファーストキスは女にとって始まりの終わり、男にとっては終わりの始まり」などもある。別れ方の下手な男は多い。「いい男は別れ方が上手」というのは定説だろう。下手な男は、自分の恋愛の失敗を認めたくないが故に右往左往するという。一方、女が別れを切り出すときのタイミングの悪さに男は驚く。「恋愛は常に不意打ちの形をとる」（立原正秋）とは、別れ際のことだろう。日本の近年の離婚件数は年間約25万組である。

二十代の恋は幻想である。
三十代の恋は浮気である。
人は四十代に達して、初めて
真のプラトニックな恋愛を知る。

ゲーテ Johann Goethe
作家／1749~1832

文豪ゲーテはこう達観した。この天才は恋多き人でもあった。25歳のころの失恋を書き記したのが、当時のベストセラー『若きウェルテルの悩み』だ。14歳の初恋からはじまり、20代、30代、40代はもとより、なんと70歳を超えて17歳の少女に熱烈な恋。求婚したが、断られる。老いたるゲーテの懊悩、60歳近い年齢差だ。孔子は「七十にして心の欲する所にしたがって、矩《のり》を踰《こ》えず」と言った。はたして老ゲーテの恋愛の境地は、心の思うまま、道を外さなかったか——。82歳で没したドイツの巨人、恋愛の至言を数多く残した。

精神衛生上、一番良いのは
「良い恋愛をすること」。
二番目に良いのは
「悪い恋愛をやめてしまうこと」。

浜尾朱美 Akemi Hamao

エッセイスト／1961~

右の言葉は、失恋に関する名言として、引用の頻度が抜群に多い。女性にとってはたいへんピンとくるアドバイスなのだろう。しかし、さあ、明日からは悪い恋をやめて、いい恋をしよう——となっては別れ話のオンパレードにならないか？　いまさらだが、「いい恋とは？」「悪い恋とは？」ともなる……。なお、この箴言作者は、元アナウンサーで幸せ顔の女性です。

世の中に女ほど
しょうのないものはありません。
やさしく言えば図にのぼせる、
小言を言えばふくれる、
叩けば泣く、殺せば化けて出る。

古今亭志ん生 Kokontei Shinsho
落語家／1890~1973

昭和の大名人・古今亭志ん生は、妻を迎えたその翌日に「女郎買い」に出かけたという。34歳のとき、岳父の出資によって寄席の経営を始めるが、「木戸からゼニィ持ち出」して、連日の吉原通い。経営はわずか半年で失敗に終わった。志ん生といえば妻子とともに10年以上もの極貧生活を送ったことがよく知られるが、極貧の理由は単純だ。彼はまともに働かず、放蕩をくり返した。しかし妻は愚痴を口にすることは稀で、涙は顔をそむけて拭い、ついに志ん生と添い遂げた。一方の志ん生も、悪所には無数に通ったが、「女のいざこざでもって、女房をおびやかしたことは一ぺんもない」という。

美女は概《おおむ》ね下等であり、
閨房《けいぼう》に於《おい》ても取柄《とりえ》は尠《すくな》い。

斎藤茂吉 Mokichi Saito
歌人／1882~1953

現代風に意訳すれば「美人はつまらない女が多くて、あっちのほうもヘタ」。大正・昭和期を代表する歌人のひとり斎藤茂吉は、青山脳病院院長を務め、精神科医の斎藤茂太、作家の北杜夫兄弟の父となるなど多産な生涯を送った。その歌論は「実相観入」の主張で知られる。茂吉はしばしば好色の人と見られ、「茂吉が性慾まだありやなしや」と戯《ざ》れ歌で揶揄されたりした。右の「下等」は芸者の等級のこと。この断定が茂吉自身の経験に裏打ちされたものかどうかはわからない。しかし官能とは、五感すべてを含むものであり、見た目の美しさだけで相手を選んでは人生を貧しくしかねない、そんな金言としてもこの一文は受け止められる。

恋するとき
人間の心は不思議に純になるのだ。
人生のかなしみがわかるのだ。
地上の運命に触れるのだ。

倉田百三 Hyakuzo Kurata
劇作家／1891~1943

倉田百三の代表作、戯曲『出家とその弟子』より。『歎《たん》異抄《にしょう》』の教えを説く親鸞《しんらん》に弟子の唯円が問う、「恋と信心は一致するものでございましょうか」に対する答えの一部。いわく、「恋は信心に入る通路だよ。人間の純な一すじな願いをつき詰めて行けば、皆宗教的意識にはいり込むのだ」を前段とする言葉である。人間は、恋をすることで純粋な精神を得て、宗教的な境地に至り、人生の真理に触れることができる。ただし、究極の求道的精神に殉じた百三である。そこはしっかり、親鸞のお告げで念を押す。恋をするなら、「ただまじめに一すじにやれ」と。

LOVE 10th

愛している
好き
何かしてあげたい
それだけでじゅうぶんじゃないの

岡本敏子 Toshiko Okamoto
岡本太郎の妻／1926~2005

戸籍上は養女だが、実質的な妻であった敏子の言葉(岡本太郎が、結婚という男女のあり方を望まなかった、とされる)。昭和23年ころ、37歳の太郎と出会ったのち、秘書として公私にわたり献身し、太郎が没するまで約50年間の人生を共にする。戦後の前衛芸術の先鋭的な旗手であり、自由奔放な精神の具現者でもあった太郎が心底惚れた女性である。そして、その愛を真正面から受け止めた女性である。右の言葉もそんな人ならではの、あっけらかんと一点の曇りもない愛情表現である。

恋愛というものは常に一時の幻影で、
必ず亡び、さめるものだ、
ということを知っている大人の心は
不幸なものだ。

坂口安吾 Ango Sakaguchi
作家／1906~1955

だからといって、恋愛はするに及ばず、と安吾はいうのではない。その逆である。いわく、恋愛とは「所詮幻であり、永遠の恋などは嘘の骨頂だとわかっていても、それをするな、といい得ない性質のものである。それをしなければ人生自体がなくなるようなものなのだから。つまりは、人間は死ぬ、どうせ死ぬものなら早く死んでしまえということが成り立たないのと同じだ」と。女流作家、矢田津世子とのプラトニックラブに破れ、悶々として流転の生の軌跡をたどった安吾もまた、不幸な大人のひとりであったか。だが、それが人生なのだ。

鋭い感受性というものは
よき恋人として必須の条件であるが、
家庭へ持ち込むには
少しばかり邪魔な荷物である。

庄野潤三 Junzo Shono
作家／1921~2009

第三の新人と称される作家のひとり、庄野潤三の第一作品集『愛撫』所収、「スラヴの子守唄」よりの言葉。同作は夫婦小説の体裁をとり、夫と妻両者の眼を通して、おたがいのわだかまりと心象風景が語られていく。作中で「鋭い感受性」を有するのは妻のほうなのだが、それだけに夫も安泰とは言い難い。なぜなら、恋人時代はなにかと恩恵があったかもしれない鋭い感受性も、いざ夫婦の間柄ともなればその有り様が違ってくるからである。痛くもない腹を探られるのならまだしも、世の凡夫たる者、叩けば何かしらホコリが出るもの。

「人生最良の時は結婚式の日だった」

「最悪の時は？」

「それ以後の毎日」

『シティ・スリッカーズ』（映画）

幼稚な愛は「愛されているから愛する」
という原則にしたがう。
成熟した愛は「愛するから愛される」
という原則にしたがう。

エーリヒ・フロム Erich Fromm
精神分析学者／1900~1980

自由主義社会の社会的および文化的な現象について、フロイトの精神分析の理論を応用して分析した人。高度な産業社会で疎外されがちな、人間性の回復を人間本来の愛や創造性に求めた考え方は、ヒューマニズム心理学と称された。右の言葉は、『自由からの逃走』『人間における自由』と並ぶ主著『愛するということ』より。フロムはそこで、愛する技術は習得することによって得られる、と説いた。よって、習得の足りない者は受動的な（幼稚な）愛にとどまるが、習得を積んだ者は能動的な（成熟した）愛を獲得することができる。愛も修練、なのだ。

寒い晩だな、寒い晩です。
妻のナグサメとは、正に斯《かく》の如きもの也。

斎藤緑雨 Ryokuu Saito
作家／1867~1904

一読、仲睦《むつ》まじい夫婦の他愛なくも、どこか人生をしみじみと感じさせる会話をイメージさせるが、その実は……。「多くもこの型を出でざる受答への器械のみ。之に由《よ》りて、世の寂寥《せきりよう》を忘るといふ者あり、げに能《よ》く忘るべし、希望をも忘るべし」が右の言葉の後段。「寒い晩です」は単に、型通りの相槌（ナグサメ）にすぎず、寂寥を忘れるという者がいるが、希望さえも忘れてしまう……と、むしろ皮肉っているようだ。斎藤緑雨は、軽妙な文体で、時に筆禍を招くほどの辛辣な警句を吐いた人。それにしても斜に構えた物言いだ。

LOVE 15th

愛とか、夢とか
妙なことをいう奴は嫌いです。
何のことやらわからんからです。

稲垣足穂 Taruho Inagaki
作家／1900~1977

天体、飛行機、機械、少年愛、A感覚……。ご存じ、タルホワールドを紐解くキーワードたち。「一種巨大な哲学的毛脛」「足穂的宇宙」などと評したのは三島由紀夫だが、その特異独特な文学的世界は燦然《さんぜん》たる輝きを放つ。一方、「地上とは思い出ならずや」というのが、作品の基調でもあった。すなわち、現世のすべての出来事は過ぎ去りしことである、と。そんな考え方の人間にしてみれば、愛や夢を綴ることはあっても、現実の愛や夢はありえない。ゆえに、「何のことやらわからん」のである。代表作に『一千一秒物語』『弥勒』『少年愛の美学』ほか。

女たちがひとりでいるとき、
どんな風に時間を過ごすかを
男たちが知ったならば、
決して結婚なんかしないだろう。

オー・ヘンリー O. Henry
作家／1862~1910

『最後の一葉』『賢者の贈り物』で知られるアメリカの作家。学校を出た後に薬剤師や銀行員など様々な職を転々とする。その後新聞記者として働いていた際、銀行員時代の横領の罪で起訴され、有罪判決を受ける。その服役中に作家としてデビュー。短編小説の名手として知られ、映画化された作品も多い。秘すれば花、秘さねば花ならず。見ざる、言わざる、聞かざるの精神も恋愛永続には大切。

LOVE 17th

結婚前には眼を開き、
結婚してからは眼をつむっていることだ。

フラー Thomas Fuller
牧師／1608~1661

英国国教会の牧師であり歴史家。著述だけで生活することのできるようになった最初の英国人の一人だけあって、多くの警句を残している。結婚前は、惚れた相手であっても、いや、惚れてしまっているからこそ、冷静に相手のあらゆる属性を分析しなければならない。だが、いったん一緒になったら、所詮もともとは他人なのだから、合わないところも出てこよう。そういう時は眼をつむるのが夫婦円満の秘訣だ。

多くの結婚生活は
ダンテの神曲と逆である。
天国に始まって煉獄《れんごく》に移り、
地獄に終わる。

ピヒラー Karoline Pichler
詩人／1769~1843

モーツァルトやハイドンとも親交のあったオーストリアの女流詩人。結婚後は自宅にサロンを開き、ベートーベンやシューベルトが出入りし、オーストリア文化の発展に寄与した。周知のとおり、『神曲』ではウェルギリウスに率いられたダンテが、地獄→煉獄→天国と登りつめていく。ダンテは煉獄で永遠の女性・ベアトリーチェと再会を果たすことで天界へたどり着いたのだが、地上の結婚生活はそうもいかないようだ。

誰かを愛するということは、
他人には見えない奇跡を、
ただひとり見ることである。

モーリアック François Mauriac
作家／1885~1970

『合掌』『イエスの生涯』など、宗教的な題材を数多く扱ったフランスの作家。古典的で緻密に構成された文章や、道徳的な主題で独自の境地を築き、日本では遠藤周作や三島由紀夫に影響を与えた。1952年にノーベル文学賞を受賞。息子に作家クロード・モーリアック、孫に女優アンヌ・ヴィアゼムスキーがいる。俗に「美女と野獣」というけれど、その美女にしてみれば、他人には見えない美点を、野獣の如き相方に見出したことを誇りたい気分でもあろう。

どんな女も結婚すべきであり、
どんな男も結婚すべきではない、
と常々考えている。

ディズレーリ Benjamin Disraeli
イギリス首相／1804~1881

ヴィクトリア朝期のイギリスの首相。1837年に保守党から議員に選出され、議員として蔵相を3回、首相を2回務めている。2度目の在任期間中の75年に、スエズ運河の買収を行ったことでも知られている。ヴィクトリア女王に信頼され、長期政権を築いた。右の言葉は英国流のユーモアある言い回しだが、やはり男の言い分ということになるだろう。子どもを生み、育てるという女性の「特技」を生かすには結婚生活という安定が好ましい。しかし男は、やがて安定に飽きる生き物である――。何とも身勝手なものだ。

キミを幸せにする自信はありませんが、
ぼくが幸せになる自信はあります。
僕と結婚して下さい。

『釣りバカ日誌』

映画／1988

作・やまさき十三、画・北見けんいちの釣り漫画。1988年に映画化され、22本のシリーズが作られた。これは映画第一作『釣りバカ日誌』からのフレーズ。主人公のハマちゃんこと浜崎伝助が、恋人のみち子にプロポーズする際の台詞だ。この言葉、一見するとかなり一方的にも思える。しかし自分が幸せであることは、結婚する相手にとっても幸せということにならないか。その後の2人の仲良しぶりは、映画でも描かれている通りである。

ほんとに愛しはじめたときにだけ
淋しさが訪れるのです。

寺山修司 Shuji Terayama
劇作家／1935~1983

歌人として鮮烈デビュー。その後は劇団・天井桟敷を旗揚げし、前衛演劇の文化を広めた寺山修司。しかしその才能はとどまるところを知らず、舞台演出家、映画監督、脚本家、小説家、作詞家、さらには競馬評論にまで及び、膨大な作品を世に残した。『寺山修司少女詩集』など、少女向け詩集も数多く手がけている。これはそんな乙女へ向けた詩『ダイヤモンド』からのワンフレーズ。少女向けとはいえ、やはり、いかにも寺山らしい情感に溢れたフレーズだ。

結婚はしてもしなくても
後悔するものである。

カフカ Franz Kafka
作家／1883~1924

『変身』『城』『審判』など個性的な作風で知られるカフカだが、結婚に対する考え方もかなり変わったものだった。彼が恋したのはフェリーツェという女性。出会いから活発な文通を通じ、婚約。そして結婚が間近になったという時、カフカは執筆の妨げになることを恐れ、婚約を解消してしまう。しかし数年後再開したふたりは、再度婚約するものの再び解消。右の言葉は、そんな経緯を踏まえて読まれるべきだろう。

LOVE 24th

恋愛はポタージュのようなものだ。
初めの数口は熱すぎ、
最後の数口は冷めすぎている。

ジャンヌ・モロー Jeanne Moreau

女優／1928~

『死刑台のエレベーター』『突然炎のごとく』などのヌーヴェル・ヴァーグ作品への出演や、『雨のしのび逢い』でのカンヌ映画祭女優賞の受賞で知られるフランスの女優。どこか退廃的でクール、独特の魅力を放っていた。彼女は48年には俳優と、77年には映画監督と結婚をしたものの、共にうまくはいかなかった。せっかくの仕込みも具材も味わいも、最後の数口が不味ければ、後味の悪いものになってしまう。スープも恋愛も温度が大切なようだ。

「言葉にしなくても愛は伝わるはず」は
思い上がりというものです。

柴門ふみ Fumi Saimon
漫画家／1957~

漫画『同・級・生』『東京ラブストーリー』『あすなろ白書』などの作者。彼女の作品は、トレンディドラマの原作になることでよく知られている。またエッセイも多数あり、『恋愛論』という大ベストセラー著書もあるほど。そんな恋愛のエキスパートは、「言葉にしないと愛は伝わらない」と断言している。ちなみに柴門ふみの夫は、『島耕作シリーズ』で知られる漫画家・弘兼憲史。氏のアシスタントをしているうちに、恋愛から結婚へ発展したのだという。

女の品行というものは、
男が思っている以上に乱れているが、
同時にまた、
男が思っている以上に清潔だ。

織田作之助 Sakunosuke Oda
作家／1913~1947

『夫婦善哉』などの代表作で知られる無頼派作家。通称「おださく」の名で親しまれ、生地・大阪の庶民の世界を得意の短編小説に焼き付けた。33歳の短い生涯を疾走し、太宰治はその死に際し「織田君！ 君はよくやった」と弔文を結んだ。さて、右の言葉だが、一見矛盾しているようにも見える。しかし男にとっては女性そのものが、そのような謎に満ちた存在だということなのだろう。

LOVE 27th

結婚をしないで、
なんて私は馬鹿だったんでしょう。
これまで見たものの中で
最も美しかったものは、
腕を組んで歩く老夫婦の姿でした。

グレタ・ガルボ Greta Garbo
女優／1905~1990

ハリウッド初期を代表する銀幕の大女優。『アンナ・カレニナ』『肉体と悪魔』など、その謎めいた美しさで多くのファンを魅了したが、大のマスコミ嫌いとして知られ、プライベートな部分を明かさないミステリアスな存在だった。36歳という若さで引退。その後は公の場に顔を出すことはなく、生涯独身を貫いた。ガルボの見た「腕を組んで歩く老夫婦の姿」には、大女優の信念が揺らぐほどの美しさが溢れていたに違いない。

女の心は、いつわらずに言えば、
結婚の翌日だって、他の男のひとのことを
平気で考えることができるのでございますもの。

太宰　治（作家）

LOVE 28th

妻は夫が若いときは愛人に、
夫が中年になったら友人に、
夫が年をとったら看護婦になれ。

フランシス・ベーコン Francis Bacon
哲学者／1561~1626

『ノヴム・オルガヌム』『ニュー・アトランティス』などの著書があり、また「知識は力なり」という名言を残したことでも知られるベーコン。経験と実験を重視する帰納法を主張し、イギリス経験論の先駆者となった人物だ。右の言葉は、完全に男性にとって都合のよい視点である。逆にいえば、女性にとってこの言葉は、男性をうまく操る秘訣とも取ることができる。実際、このように生きて幸せな結婚生活を送った女性も数多くいたことだろう。

LOVE 29th

金払いはよくしろ、明るくふるまえ、
特定の女とばかりしゃべるな、
言い寄られたらノーと言え。

白洲次郎 Jiro Shirasu

実業家／1902~1985

吉田茂の懐刀としてGHQとの交渉の前面に立ち、貿易庁長官として戦後日本の復興に奔走した白洲次郎は、当代有数の伊達男でもあった。あるとき彼は、酒場の女にモテる方法について、右のとおり述べたという。金銭を介する場での「モテる方法」だから、「酒場での時間をより楽しく過ごすための秘訣」といった程度に受け止めるのが無難だろう。なお付け加えれば、白洲から右のような薫陶を受けたのは、若き日の麻生太郎である。

男子は結婚によって女子の賢を知り、
女子は結婚によって男子の愚を知る。

長谷川如是閑 Nyozekan Hasegawa
ジャーナリスト／1875~1969

一つ屋根の下で暮らすようになれば、それ以前には知らなかった相手の一面を、幾度も発見するものだ。右の言葉にある「賢」と「愚」は、他のさまざまな言葉に置き換えることができるだろう。そしてまた、発見があるたびに夫婦の距離は近くなっていくのが常だ。長谷川如是閑は明治・大正・昭和の長きにわたり活躍したジャーナストにして作家。昭和44年、93歳で大往生を遂げた彼は、しかしその生涯を通じて独身であった。

LOVE 31th

想像力の消耗からも、
人はその家庭を
愛するようになってくる。

萩原朔太郎 Sakutaro Hagiwara
詩人／1886~1942

明治19年、萩原朔太郎は医師の子として生まれた。10代の頃から短歌などの創作に没頭し、旧制五高（現熊本大学）、旧制六高（現岡山大学）、慶応大学予科を相次いで中退。その後詩作の道に入り、32歳のときに刊行した詩集『月に吠える』が大反響を呼び、一躍詩壇を代表する存在となった。右の言葉は、箴言集『虚妄の正義』の一節。同作品が刊行されたのは昭和4年で、その3ヶ月前に朔太郎は離婚している。50歳を過ぎてから彼は2度目の結婚をするが、1年ほどで離婚。彼にとって家庭への愛は、創作の妨げだったのかもしれない。

私は生きたくないの。
まず愛して、
生きるのはそのついででいいの。

ゼルダ・フィッツジェラルド Zelda Fitzgerald
作家／1900~1948

20世紀アメリカ文学を代表する作家スコット・フィッツジェラルドの妻ゼルダは、激情の人として知られる。たとえば彼女は、夫とともにパリに滞在していた1924年、パイロットの男性と恋に落ちて睡眠薬自殺を図った。さらにその2年後には、夫スコットが他の女性と親しげにしているのを見て、カフェのテラスから飛び降りている。スコットへの愛憎の激しさから、やがて精神に失調をきたし、ついに回復しないまま47歳で世を去った。病気療養中、彼女はスコットへさまざまな手紙を書き送っているが、その一部には、実に温かい愛情に溢れた文面が見てとれる。

女の祖国は若さです。
若さがあるときだけ、
女は幸せなのです。

ゲオルギウ Constantin Gheorghiu
作家／1916~1992

肉体の衰えは、誰にも必ず訪れる。それを避けることはできない。しかし心の若さは違う。人はその精神においては死を迎えるまで若々しくいられる。若さの本質とは容貌ではなく、心なのだ。コンスタンティン・ゲオルギウはルーマニアの小説家。右の言葉は、小説『第二のチャンス』の一節。「女は、たとえ自分を愛する男が野獣のような者であろうと、愛され崇められれば無関心ではいられない」「どんな不幸の中にも幸福がひそんでいる」「孤独は死に等しい」など、人生の本質を衝《つ》く名言が多い。

LOVE 34th

女性というものは
愛されるために存在するのであって、
理解されるために存在するのではない。

オスカー・ワイルド Oscar Wilde
作家／1854~1900

アイルランド・ダブリンの名家に生まれたオスカー・ワイルドは、オックスフォード大学を卒業したのち、奇抜な服装、特異な言動をする人物としてロンドン社交界で注目を集めた。やがて劇作家として名声を博すが、41歳だった1895年、「複数の男性とわいせつ行為をした罪」で有罪判決を受けた。彼はいわゆる両性愛者で、そのためなのかどうかは不明だが、恋愛に対する鋭い洞察をその戯曲、小説の中に残している。

子どもを授かったことを告げた時
あなたは「ほんとうか　嬉しい
俺はこれから真面目に働くからな」
そう答えてくれた

柴田トヨ Toyo Shibata
詩人／1911~

詩集『くじけないで』所収の「思い出I」の一節。「肩を並べて／桜並木の下を／帰ったあの日／私の一番／幸福だった日」と続く。周知のとおり、柴田トヨさんは90歳を過ぎてから詩作を始めた。息子の勧めで書きためた詩を出版したときは98歳だったが、その若々しい感性に溢れた作品はほどなく大反響を呼び、『くじけないで』は100万部を超えるベストセラーとなった。トヨさんの夫・曳吉さんは全国の旅館や料理店を回る料理人で、博打好きではあったが、家族を大事にする優しい夫だったという。

LOVE 36th

結婚とは、男の権利を半分にして、
義務を二倍にすることである。

ショーペンハウアー Arthur Schopenhauer
哲学者／1788~1860

実存哲学の先駆者ショーペンハウアーは、作家である母ヨハンナと、青年時代から激しく対立した。彼は終生独身で過ごしたが、これは一説に、母親を通じて女性という存在に失望し、絶望したからだという。右の言葉は、女ぎらいのショーペンハウアーにいかにも相応《ふさわ》しいものだ。しかし世の多くの男たちは、妻子を養うという「義務」を果たすことに少なからぬ喜びを得ている。妻のため子のため、何かに耐え、何かを犠牲にすることにも、やはり同様の喜びがある。それは結婚の功徳のひとつだろう。

女をよくいうひとは、
女を充分知らない者であり、
女をいつも悪くいうひとは、
女をまったく知らない者である。

モーリス・ルブラン Maurice Leblanc
作家/1864~1941

『怪盗アルセーヌ・ルパン』の生みの親として知られるフランスの作家。１９０５年、当時40歳だったルブランが知人の編集者に依頼されて発表したルパンシリーズは以後、国民的人気を博した。上品かつ大胆、聡明なアナキスト、何より弱き女性を放ってはおけない無類のフェミニストである主人公のキャラクターに魅了された読者も多いだろう。何気ない台詞に、フランス的ダンディズムが光る。では女を充分に知った者は、さて何と言うのだろう？

もっとも美しい友情は、
もっとも賢明な夫婦の間に生まれる。

江藤　淳 Jun Eto
文芸評論家/1932~1999

「ともに死ぬためには情熱が、恋があれば足りた。だがともに生きるには情熱以上のものが必要なのである」に続く言葉。大学の同級生であり卒業とともに結婚した慶子夫人とは「一卵性夫婦」と呼ばれるほど仲睦まじく、秘書役もこなす夫人に支えられ旺盛な批評活動を続けた人である。末期がんの告知を受けた夫人を見送った後、その後を追うように鎌倉の自宅で自らの命を断ったことも記憶に新しい。「そこに、それまで居た人がいない。この空白感が耐え切れない」。自殺の二ヶ月前の言葉である。

LOVE 39th

「君は何を美しいと思う？」

「木よ」

「木か。だったら君は木に似ている」

『パリの恋人』 Funny Face
映画／1957年

ニューヨークのファッション雑誌が新たな看板専属モデル探しを依頼したカメラマンのエブリー（フレッド・アステア）。見出したのはファッションに興味のかけらもない、古本屋で働くジョー（オードリー・ヘプバーン）。インテリ女子・ジョーが信奉する在フランスの共感主義の教授にも会えるからと、モデルお披露目の地・パリへと飛ぶ2人。華麗なファッションと美男美女の洒落た言葉のやりとりは、古き良き映画の楽しさにあふれている。同様に、キザなようだが、女性としてはやっぱり嬉しいのもこんな台詞。つっぱりたくても、何も言い返せないはず。

LOVE 40th

女の「たぶん」はあてに出来る。
「必ず」よりも確実だ。

『クリクリのいた夏』Les Entants du Marais
映画／1999年

１９３０年代のフランスの片田舎。とある沼地のほとりで、自給自足の生活を送る少女クリクリと父リトン、そしてその友人たち。悩みを抱きつつも、物では得られない真の豊かさに包まれて暮らす人々の心の触れ合いを描き、高い評価を得た作品だ。ゆったりとした時間のなかで紡ぎ出される人生への言葉のひとつひとつに、現在の我々の生活をつい顧みてしまう。右のような洞察にあふれたユーモアある台詞も、慌ただしく生きていては、さらりと口にできないのではなかろうか。

LOVE 41th

愛とはもっとも安価な宗教である。

チェーザレ・パヴェーゼ Cesare Pavese
作家／1908~1950

「生存は苦痛だ」と表現した彼は、女優に振られたことを機にホテルで多量の睡眠薬を飲んで自殺する。「もっとも安い」とした愛の価値。耐えがたい裏切りを経験すると、愛はチープな宗教にまで成り下がるのか――。20世紀イタリア文学の重要な小説家の一人。第二次世界大戦中は、非合法の反ファシズム活動にも参加した。そのことによる逮捕で南イタリアに追放流刑、恩赦を受けやっと釈放されるが、帰ってみると彼女は別の男と……。小説『流刑地』『流刑』にはそうした実体験が投影されている。

LOVE 42th

人は恋愛を語ることによって
恋愛するようになる。

パスカル Blaise Pascal
哲学者／1623~1662

数学者で、物理学者で、宗教家で、哲学者であるフランスの大天才。この人はたいへんな禁欲主義者であった。欲望の充足を「悪」としてしりぞけ、「結婚は一種の殺人、神殺しだ」と言い切った。恋愛には近づかないことが身のためだと、否定的に解釈したのだろう。「人間のむなしさを十分知ろうと思うなら、恋愛の原因と結果をよく眺めてみるだけでいい」とまで言う。死後に刊行された『パンセ』では数々の示唆に富んだ言葉を残す。「人間は考える葦《あし》である」「もしクレオパトラの鼻がもう少し低かったら、歴史は変わっていただろう」。その真意の解釈には諸説あり、いまも問われ続けている。

LOVE 43th

女の性格がわかるのは、
恋が始まるときではないわ。
恋が終わるときよ。

ローザ・ルクセンブルク Rosa Luxemburg
革命家／1870~1919

ポーランド生まれの不屈の革命家「赤いローザ」は、ジャンヌ・ダルクなどと同じように、激動の時代を情熱で駆け抜けた女性。マルクス主義者の彼女は、女性革命家として歴史に名を残している。少女時代にゲーテに傾倒しただけあって、右のような言葉を残す。女だけではなく、男もまた恋の終わりにこそ本性を現す。見栄もポーズも遠慮もない、素性があらわになるのは男女とも同じだ。革命も始めるときよりも、終わるときに性格があらわになる。革命に恋した女のフレーズは、革命の隠喩にも聞こえる。

LOVE 44th

愛とは、この女が他の女とは違うという幻想である。

メンケン Henry Mencken
ジャーナリスト／1880~1956

愛している女に、「あなたはどこにでもいるいい女の一人である」とは、口が裂けても言えまい。「あなたこそ、どこにもいないいい女である」と言わねば、恋愛は成り立たない。女もまた、男の将来性やふところ具合に幻想を見て、恋を語る。同じ穴のムジナである。そのまま騙しあえば（？）結婚となる。ところが結婚もまた「結婚とは幻想を父とし、必要性を母として生まれるものである」（ニーチェ）から、目覚めてシマッタと思っても後の祭り。どうも愛は両者の幻想によってしか成り立たないものらしい。作者は１９２０年代、アフォリズムでならした文筆家である。

愛しあってるかい⁉

忌野清志郎 Kiyoshiro Imawano
ミュージシャン／1951~2009

２００９年に亡くなった清志郎にはラブソングが数々あるが、ライブではこのセリフをよく口にした。そして人々は必ずこう応じた「イェーィ！」。思想性を含んだ歌も多く作った清志郎だったが、個人も国家も紛争も平和も、一言でみんなに問いかけるなら、要するに「愛しあってるかい!?」なのだ。こんな簡潔で、一括りにできる問いかけの言葉はない。キヨシローの象徴的フレーズと言えよう。これは67年、モンタレーのフェスティバルでオーティス・レディングが「We all love each other,right?　Let me hear you say YEAH!」といったものを日本語訳したのだというが、まさに清志郎の「名言」そのものであった。

恋愛は戦争のようなものである。
はじめるのは簡単だがやめるのは困難である。

メンケン（ジャーナリスト）

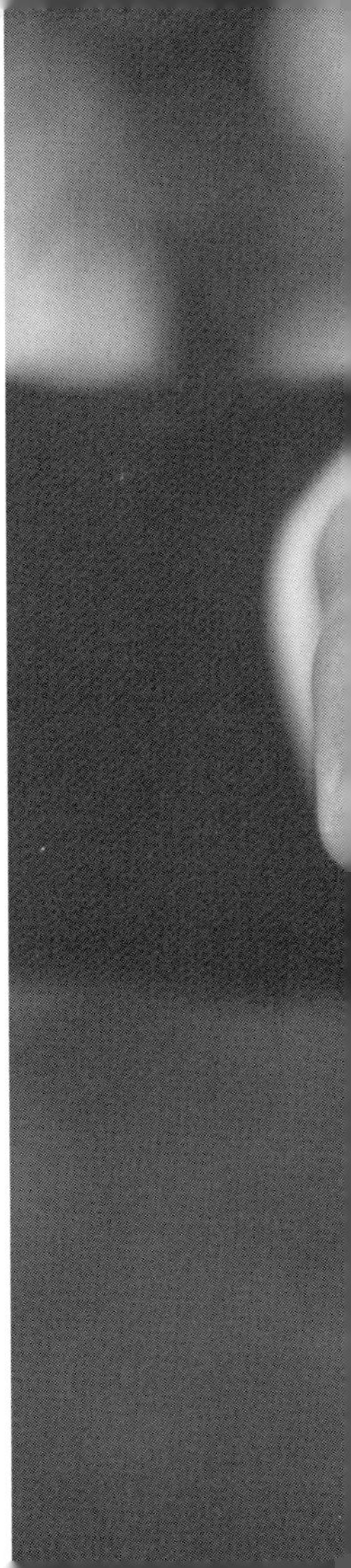

LOVE 46th

命知らずと　よし言はば言え
君ゆゑに　腎虚《じんきょ》せんこそ望なれ

『犬筑波集』 Inutsukubashu
俳諧連歌集／1530年頃

「命知らずと言うなら言いな　君としまくって腎虚するのこそ本望だ」。「腎虚」は、セックス過多による男性の全身衰弱のこと。助平な人をかつて「腎張り」と言ったように、漢方では腎臓が精力のみなもとであると考えられていた。『犬筑波集』は、室町時代後期の俳諧連歌集。俳諧連歌師・山崎宗鑑の撰で、内容は滑稽卑俗な表現と言葉遊びに満ちている。右の句は、精を搾り取られたあげく廃人になりたいという願望をユーモラスに表したもの。「御恩と奉公」という主従関係を、主君から愛人に置き換えることで、価値転倒の笑いをとりつつ、性愛に殉ぜんとする男のマゾヒズムの表現となっている。

LOVE 47th

悪女の深情け

古諺 Proverb

「悪女」は性質の悪い女でなく、不美人の意味。辞書では「不美人の女性は美人よりも情が深い」と説明されるが、ことわざだけに多義的であって、含蓄に富んでいる。イケメン男子が、さほど美人でなくセレブでもない女性と睦《むつ》まじそうに連れ添っている場面は、あるエロチックな風情をかもしだす。閨《ねや》の魅力への想像を刺激するからか、あるいは容貌のよしあしを脱した男女のあり方に格別の情味が感じられるためか。イケメンにとって「悪女」への没入は、自己滅却でもありうるだろう。とすれば、下降志向の甘美な誘惑もまたそこにあると思われる。

元気を出しなよ、
そして僕と情死《しんじゅう》しよう。

小熊秀雄 Hideo Oguma
詩人／1901~1940

小熊秀雄は戦前、日本プロレタリア文学運動の退潮期に登場したプロレタリア詩人。奔放な饒舌と豊かな連想を武器に、散文との混血児ともいえる独特の詩を多作した。日中戦争下、時流に棹《さお》さすことなく困窮のうち結核で死去。かなりのイケメンで、非常に女性にもてたらしい。死の予感が性愛へののめりこみを助長したのか、妻子ある身ながら晩年は恋人をとっかえひっかえしていたという。右は長編諷刺詩「文壇諷詩曲」の一節。女流詩人・深尾須磨子を諷したもので、「情熱の色あせるとき頬紅は濃し」「身を守ることに限りはなし」という中年女性の倦怠保守気分に対する八方破れの口説き文句。

LOVE 49th

平和な仲のよい夫婦ほど
お互いにむずかしい
努力をしあっているのだ、
と云うことを見遁《みのが》してはならない。

野上弥生子 Yaeko Nogami
作家／1885~1985

夫婦には夫婦だけが知る、積年の葛藤や軋轢《あつれき》がある。それに直面するとき、お互いへの理解・忍耐・献身なくしては、到底対処できない。営々として積み重ねてきた夫婦仲が破綻寸前となり、なんとか最後の一線で踏みとどまることもあるだろう。だが、そんな日々のなかでの身を削るような努力があってこそ、夫婦の絆はより一層深まるのである。野上弥生子は、夏目漱石門下生であった夫、豊一郎の啓発で文学を志し、自身も漱石に師事。明治~昭和期を代表する女性作家となる。そのかたわらで家庭を大切にし、質実努力の妻として夫に尽くした。

月にむかって、

「そこにとどまれ！」

などという者があろうか。

若い女の心にむかって、

「一人を愛して心変わりせぬことだ」

などという者があろうか。

プーシキン Aleksandr Pushkin
詩人・作家／1799~1837

若い女性の心変わりを封殺するのは、土台、不可能な話……。移ろいやすい「女心」に惑い憤り涙する、諸賢の諦観的な警句は数あるが、19世紀ロシアを代表するこの偉大な詩人は、このようなアイロニカルな修辞でそれを表現してみせた。プーシキンは、ロシアの国民近代文学の創始者かつ近代文章語の確立者として、歴史に名を残す人物でありながら、作品の内容や思想性がもとで、追放・幽閉の憂き目をみた人。さらに、妻の不貞に端を発した、フランス人青年士官との決闘を余儀なくされ、致命傷を負って37歳の数奇な人生を終えた。

LOVE 51th

恋愛とは二人で愚かになることだ。

ヴァレリー Paul Valéry
詩人・思想家／1871~1945

20世紀最高峰の詩人のひとりであり、フランスを代表する知識人といわれた人。ここでいう「愚か」とは、文字どおりの愚行を指すのではなく――恋愛とは思慮分別のコントロールの利かないものであり、その渦中にある人間は翻弄されるがままの存在であるという――非理性的な行為、の意だろう。50歳を目前にしたヴァレリーは、11歳下の女性と恋に落ちる。性愛の陶酔的な高まりは、精神とエロスの融合を夢見るが、次第に不安と苦悩が入り混じる、混沌の精神世界となっていく。それは、崇高な愚かさと呼ぶべきかもしれない。

恋よ、恋よ、
お前は永久に智慧とは
融和しないのだろうか。

プレヴォ Antoine Prévost
作家／1697~1763

もともとは、カトリックの聖職者であり、アベ・プレヴォとも呼ばれる。その名が広く知られるにいたったのは、ファム・ファタール（男を破滅させる女性）を描いた最初の作品とされる、小説『マノン・レスコー』の作者としてである。青年デ・グリューは魔性の美女マノン・レスコーと駆け落ちするが、金銭への執着が激しい彼女の性癖に翻弄されながら、愛の呪縛から容易には逃れられない。そんなデ・グリューに憐れみを込めて投げかけられたのが右の言葉。もちろん言った当人も、恋が智慧と永久に融和しないことは、百も承知だっただろう。

LOVE 53th

おんなが附属品をだんだん棄てると
どうしてこんなにきれいになるのか

高村光太郎 Kotaro Takamura
詩人・彫刻家/1883~1956

「年にあらはれたあなたのからだは／無辺際を飛ぶ天の金属」と続く。統合失調症を発症していた妻・千恵子を亡くした3年後に刊行された詩集『智恵子抄』の一篇「あなたはだんだんきれいになる」からのフレーズ。「千恵子との出会いにより焦燥とデカダンから抜け出し、その純愛に清められ、己の生を肯定することが出来た」。作者の、妻への愛慕の情が全篇に貫かれ、読む人の胸にせまる。唯一無二の伴侶を得る幸せとそれを失いゆく苦しみに、真実の言葉の力があふれる。

LOVE 54th

頼むから黙って、ただ愛させてくれ。

ジョン・ダン John Donne

詩人／1572~1631

16世紀末～17世紀中期の英国詩壇における、形而上派詩人（メタフィジカル・ポエット）の代表的な存在。また、聖職者としては、ロンドンのセント・ポール大聖堂の首席司祭に就いた人でもある。右の言葉は、恋愛詩「The Canonization（聖列加入）」の一節。俗世の欲得や打算よりも、聖人と列せられるほど、自分は恋人と純粋な愛に浸りたい、との思いをうたったもの。詩人としての評価は20世紀になって再燃し、T・S・エリオットらにも影響を与えた。「歴史にその名を残さぬふたりでも／愛の詩がぼくたちの美しい納骨堂だ」という詩句もある。

愛も信仰も同じように、
日々のささやかな勤行によって
維持される。

ローデンバック Georges Rodenbach
詩人／1855~1898

ベルギーのトゥールルネの生まれ。パリに出て、ボードレールの『悪の華』に衝撃を受ける。故郷フランドルの古都の沈鬱な風景のなかに、死の色濃い夢想的な詩情を綴った作品が特徴的。詩集に『白い青春』『静寂』『閉ざされた生活』。パリ文壇に一躍地歩を築いた小説『死都ブリュージュ』は永井荷風など日本の作家にも少なからず影響を及ぼした。晩年には、世紀末的デカダン精神を脱却したとされるが、右の言葉からは生きることへの真摯な謙虚さが感じられないだろうか。

あなたの人生がかけがえのないように、
あなたの知らない人生も
またかけがえがない。
人を愛するということは、
知らない人生を知るということだ。

灰谷健次郎 Kenjiro Haitani
作家／1934~2006

17年間、小学校教師を務めながら、児童誌の編集に携わる。退職後、インド、タイなどを放浪したあとに発表した『兎の眼』は児童書でありながら、大人をも感動させる名作として知られる。温かいヒューマニズムにあふれた作品を多く書いた人だが、人権や社会問題に関わる発言にも積極的だった。右の言葉は、『太陽の子』『天の瞳』などと並ぶ主著のひとつ、『ひとりぼっちの動物園』から。人間だれしも、自らの心の痛みや辛さに拘泥しがちである。だが、容易には窺い知れない他人のそれを知ることではじめて、人間は「愛」を語れるにちがいない。

恋愛は一時の戯れではない。
人生の楽しい道草でもない。
感情や気分からやるべきではない。

菊池　寛 Kan Kikuchi
作家／1888~1948

「女性にとっては大切な生活の設計でなければならない。男性が一生の専門なり職業なりを選ぶくらい真剣に相手を選ぶべきである」というのが、右の言葉の後段である。恋愛（もちろん、結婚を念頭においているわけだが）に際して、女性はあくまでも堅実な選択をしなくてはならない、と現実主義の人、菊池寛は説く。恋愛とは、一生の伴侶を得るための、女性の人生にとっての一大事。さすがに、いささか時代がかっている感は免れないかもしれない。しかし、これはこれで一定の真理であり、いつの時代も不変な「落としどころ」と言えそうだ。

LOVE 58th

嫉妬は平生は「考え」ない
人間にも「考え」させる。

三木　清 Kiyoshi Miki
哲学者／1897~1945

京都帝大哲学科で西田幾多郎に師事。欧州に留学し、リッケルトやハイデッガーの教えを受ける。人間学的な立場から唯物史観を追究した人。右の言葉は、『人生論ノート』の〈嫉妬について〉の項目から。三木は、「嫉妬は狡猾に、闇の中で、善いものを害することに向って働くのが一般である」とする。そして、「愛と嫉妬との強さは、それらが烈しく想像力を働かせることに基いている」と説く。ゆえに、無思慮な人までも時に思慮深くするわけか？　嫉妬心に凝り固まり、妄想が妄想を呼ぶ……。そんな負の思考の連鎖も人間の悲しい性のひとつである。

LOVE 59th

一度愛すると決めたならそれを貫き、
運良く愛されたなら
その人を守りぬきなさい。

ダイアナ妃 Diana Spencer
英国元皇太子妃／1961~1997

20歳のとき、チャールズ皇太子と結婚。麗しきプリンセス・オブ・ウェールズとして、世界的な羨望と注目の的となり、日本でも熱狂的なダイアナフィーバーが巻き起こった。しかし、夫の愛人問題に端を発した不仲が公になるなか、彼女自身の不倫告白もあり、別居を経て離婚。その翌年、当時の恋人とのパリ旅行中に、パパラッチの追跡から逃れる果ての自動車事故により他界。右の言葉は、ダイアナ妃自身もわが身に課した、愛の誓いであったのだろうか。ならば、数奇な運命に翻弄された挙げ句の非業の死は、哀切にすぎる。

嫉妬は男においては弱さであるが、
女にあっては一つの強さである。

アナトール・フランス Anatole France
作家／1844~1924

確かに、嫉妬心にとりつかれた男には、前向きなイメージはない。男はやはり、恨みや妬みに身を焦がすよりは、熱い闘志を燃やすべきだろう。片や、女の嫉妬心はプラスへのベクトルとして働くこともある。彼女をして次なる行動に駆り立てるエネルギーたりえるのだろう。アナトール・フランスは、高等派詩人として世に出た後、小説『シルヴェストル・ボナールの罪』で作家的な名声を得た。洗練された文体による知的懐疑主義の作品が特徴。芥川龍之介など日本の作家にも影響を与えた。

LOVE 61th

あらゆる人知のうちで
結婚に関する知識が
いちばん遅れている。

バルザック Honoré de Balzac
作家／1799~1850

『ゴリオ爺さん』『従兄ポンス』など、短編、長編合わせて約90の小説からなる『人間喜劇』で知られる作家。度を越した遊び人で、暴飲暴食によって莫大な借金を残し、自らの寿命も縮めたが、緻密な人間描写で数多くの名作を残した。人類は、これまであらゆる知識や技術を研鑽してきた。科学はその最たるものだろう。しかし隣近所をのぞいてみれば、今でも不幸な結婚や離婚をする人が跡を絶たない。結婚に関する智慧は、「進歩」とは無縁のようだ。

LOVE 62th

女の推量は男の確信よりもずっと確かである。

キップリング Rudyard Kipling
作家／1865~1936

キップリングは『ジャングル・ブック』『マンダレー』などで知られる、イギリスを代表する作家であり詩人。英領インドのボンベイに生まれ育ち、その経験が作品にも影響を与えている。1907年にノーベル文学賞を受賞、日本にも二度来日した。さて、右の言葉。たとえば男が「絶対にバレない」と確信していても、女は「ひょっとしてあの人にはほかのひとが……」とズバリと当ててしまうことも――。

女はたとえ100人の男に騙されても、
101人目の男を愛するだろう。

キンケル Johanna Kinkel
作曲家／1810~1858

ドイツ出身の女性音楽家。作曲や合唱指揮などの音楽活動に留まらず、ジャーナリストや歴史家としても才能を発揮。作った曲のほとんどは歌曲で、『別離』『ライン川の船旅』などで知られている。詩人であり自由主義者のゴットフリート・キンケルと結婚し、ドイツの1848年革命を支援。しかし革命は失敗しイギリスに亡命、1858年に謎の死を遂げた。右の言葉、さすがに誰にでも当てはまる訳ではないだろうが、そんな女性がいること自体、男には驚きだ。

恋のいいところは、
階段を上る足音だけであの人って分かることだわ。

コレット（作家）

LOVE 64th

女は恋に限界なしと雄弁に主張する。
男は恋に限界ありと謳《うた》う。

モンテルラン Henry de Montherlant
作家／1895~1972

フランス出身。第一次世界大戦に従軍。その後『闘牛士』や『若き娘たち』四部作などでフランスを代表する作家となった。第二次世界大戦前後から『死せる女王』など、主に劇作で活躍したが、１９７２年にピストルで自殺。家庭を持たぬ独身者の気楽さ、従来のモラルに囚われない自由な主張、極端な女性蔑視などに特徴がある。右の言葉、異を唱える女性も多くおられよう。女性が主張し、男が諂うとしたところに、あるいは作家の工夫があったのかもしれない。

LOVE 65th

大抵の人々は、
都合と好みの混ざり合った
動機によって結婚する。

サミュエル・ジョンソン Samuel Johnson
批評家／1709~1784

イギリスの批評家。幼いころから目と耳が悪く、家が貧しかったため大学も中退。苦労を重ねたが、1755年、独力で世界最初の本格的な英語辞書である『英語辞典』を完成させた。他にも、シェークスピア研究で知られている。その皮肉めいた警句から、「典型的なイギリス人」と称されることもある。日本でも「婚活」なる言葉が発明されたが、いつの世も理想と現実、条件と打算が浮世の原理でもあるのだろう。

LOVE 66th

そもそも恋は宇宙的の活力である。

夏目漱石 Soseki Natsume
作家／1867~1916

漱石の処女小説『吾輩は猫である』からの一節。これは猫の「我輩」による、恋についての考察だ。この日本を代表する文豪は、『それから』『こゝろ』『明暗』など、今風に恋愛小説と呼ぶのが憚られるほど深刻な男女関係を描く人でもあった。だが、『猫』はユーモア小説でもあるから、ここでは大文豪ものびのびとした言葉遣いをしている。「宇宙的の活力」というのは、わからないようで、わかってしまうような言い回しだ。

色あせたものを
捨てないのは努力がいる。
色のあせるとき、
本当の愛情が生まれる。

遠藤周作 Shusaku Endo
作家／1923~1996

『沈黙』『海と毒薬』『深い河』『イエスの生涯』などの代表作がある遠藤周作。そのカトリック信仰に基づいたテーマや作風はよく知られている。右の言葉の前段には、以下の前置きが付いている。「魅力のあるもの、キレイな花に心を惹かれるのは、だれでもできる」。花ざかりを過ぎ、そのままでは人目を惹くことができなくなった時が勝負なのだ。右の言葉から強いて本音をひきだせば、「古女房をきちんと愛せよ」と言いたいのだろう。

LOVE 68th

世界一面白い嫁になってくれ。

鈴木おさむ Osamu Suzuki
放送作家／1972~

お笑い芸人・森三中の大島美幸に対し、人気の放送作家・鈴木おさむが贈ったプロポーズの言葉だ。実はこの2人、交際0日で結婚してしまっている。鈴木氏がなぜプロポーズしたかといえば、「彼女と結婚したら、ウケるだろうなと思った」ことがひとつ。もうひとつが、以前より芸人としての彼女が好きだったことだという。いろいろな意味で、信じられないような奇跡のカップル。詳細は、鈴木氏の著書『ブスの瞳に恋してる』に詳しく、ドラマ化もされている。

恋には二種類ある。
一つは、人を見苦しくさせる
「満たされない恋」。
一つは、人を白痴にする
「満たされた恋」。

コレット Colette

作家／1873~1954

フランスの女流作家・コレット。この名はペンネームで、本名をシドニー＝ガブリエル・コレットという。『シェリ』や『ジジ』『青い麦』などの作品で知られる。中でも『ジジ』は、ブロードウェイで舞台化されるにあたって、ホテルのロビーを通ったオードリー・ヘプバーンをひと目見たコレットが、主役に大抜擢したことで知られている。そして、ヘプバーンはこの公演の直後に『ローマの休日』の主役で大ブレイクを果たす。ヘプバーンのスターになったきったけを作ったのはコレットだったのである。彼女の恋愛遍歴は波乱に富んでいて、再婚相手の連れ子や、同性にまで及んだと伝えられている。

LOVE 70th

恋愛とは何か。私は言う。
それは非常に恥かしいものである。

太宰　治 Osamu Dazai
作家／1909~1948

太宰治の恋愛論が語られた作品『チャンス』からの一節。ここには他にも、以下のようなことが記されている。「ましてや『恋愛至上主義』など、まあなんという破天荒、なんというグロテスク。『恋愛は神聖なり』なんて飛んでも無い事を言い出して居直ろうとして、まあ、なんという図々しさ。『神聖』だなんて、もったいない。口が腐りますよ」。また太宰はここで、「片恋というものこそ常に恋の最高の姿である」とも語っている。

LOVE 71th

恋愛にも
日曜日がなければならない。

亀井勝一郎 Katsuichiro Kamei
文芸評論家／1907~1966

『人間教育』や『大和古寺風物史』などを残し、評論家・思想家として活躍した。晩年の集大成とも呼べる大作『日本人の精神史研究』などは、今なお高く評価されている。亀井は、人生論はもちろん、恋愛論も刊行していて、それぞれベストセラーになっている。いくら好き合っている同士でも、毎日べったりでは飽きがくるのも早い。少なくとも週に一度はお互いの時間を持て、とは大人の見識だろう。週休二日でもいいくらいだ。

厄介なことに我々は、
女と一緒に暮らすこともできなければ、
女なしに暮らすこともできない。

バイロン George Gordon Byron
詩人／1788~1824

イギリスロマン主義の中心的存在として知られる詩人・バイロンの語った女性にまつわる言葉。いてもいなくても男性を困らせる存在……それが女性であり、これこそが男性の陥るジレンマでもある。しかし女性にとってもまた、同じことが言えるのではないだろうか。つまり異性とは、とてつもなく厄介なものなのだ。いつも一緒にいるのは嫌。でも、ずっといないのも寂しい。平安貴族の妻問婚（男性が夜に女性のもとを訪れる結婚形式）も、ここに起因するのかもしれない。

LOVE 73th

愛があると思うのも錯覚、
ないと思うのも錯覚。

田辺聖子 Seiko Tanabe
作家／1928~

『感傷旅行（センチメンタル・ジャーニィ）』で芥川賞を受賞。大阪弁を使った恋愛小説を世に広めた。これは彼女の著書『女のおっさん箴言集』からの一節である。ほかにも「女は自分が惚れた男のことは忘れても、自分に惚れてくれた男のことは忘れない」「〈可愛い男〉とはすぐに切れるが、〈可愛げのある男〉とは、だらだらと続くものである」といった名言あり。

僕の場合、愛はすべて闘いだった。

岡本太郎 Taro Okamoto
芸術家／1911~1996

大阪万博の「太陽の塔」の作者として知られる芸術家。そして彼のパートナー・岡本敏子。実質的には妻であったという彼女は、太郎の養女として迎えられている。これは結婚を望まなかった太郎の、強いこだわりのためらしい。とはいえ敏子は太郎の死去までおよそ50年間、創作に立ち会い、陰ながら支え続けた。世間一般とは異質な夫婦にとって、愛は日々の闘争の中で育んでいくものでもあったのだろう。

LOVE 75th

よりいっそう愛するより
恋に対する治療法はない。

ソロー Henry David Thoreau
思想家／1817~1862

1854年に刊行された著書『森の生活』で知られるソロー。これは2年2ヶ月におよぶ、森での一人暮らしの記録を克明にまとめたものだ。文明から切り離された生活を行うことで得た、体験や思想などが綴られている。そんなソローが喝破した、恋煩いに効く特効薬……それは恋にほかならない。逃げるのではなく、むしろそれに向かってゆくことが恋愛における最高唯一の治療法なのだという。

LOVE 76th

情熱はさめると
氷より冷たくなります。

ザ・ザ・ガボール Zsa Zsa Gabor
女優／1917~

妹のエヴァ・ガボール、姉のマグダ・ガボールと共にハリウッド女優として知られ、映画などに数多く出演した。しかしその女優としての経歴よりも、むしろ華やかな社交界での活動が話題になることが多かった。というのも、これまでにした結婚は9回。しかも2番目の夫は、ヒルトンホテルの創業者として知られるコンラッド・ヒルトンであった。炎のように燃え上がった恋も、冷めれば氷以上に冷たくなる。そんな経験を、彼女は少なくとも8回はしたことになる。

祖国愛は家庭愛の中に芽生える。

ディケンズ Charles Dickens

作家／1812~1870

親きょうだいのためなら、わが身を削ってもかまわない。妻や子のためならば、自分は命さえ擲《なげう》つことができる――。そうした心情はいわば、祖国愛の「種」とでも言うべきものだろう。家族への愛情を持たない者の心に、祖国への愛情が芽吹くことはない。ディケンズはイギリスの作家。『クリスマス・キャロル』『二都物語』『大いなる遺産』など、彼の作品の多くは、今なお世界中で読み継がれている。

愛の反対は憎しみではなく、
無関心です。

マザー・テレサ Mother Teresa
修道女／1910~1997

孤児や貧民、行き場のない病人などの救済に、その一生を捧げた。カトリック教会の修道女である彼女にとって「愛」とは、おそらく「博愛」であろう。わけ隔てなく、誰にでも、親愛の情や優しさを持って接すること。それがすなわち博愛である。困っている人へ小さな善意を施すことならば、誰にでもできる。困難に直面して苦しんでいる人びとは、世界中に山ほどもいる。まずはそのことに関心を払うべきだろう。

良い夫が得られるなら、
いくら結婚が遅れても、
遅すぎることはありません。

デフォー Daniel Defoe
作家／1660~1731

小説『ロビンソン・クルーソー』の作者として知られるデフォーだが、その代表的作品のひとつ『モル・フランダーズ』は、罪を重ね、男性遍歴を重ねる「あばずれ女」を描いた物語である。右の言葉は、同作品の一節。「悪い夫を手に入れる女性は、たいがい結婚を急ぎすぎた人です」と前段にある。デフォーが没してから280年という月日が過ぎたが、「結婚を急ぎすぎた人」は21世紀の今も、とかく失敗をしてしまいがちである。

男と付き合わない女は、
だんだん色あせる。
女と付き合わない男は、
だんだん阿呆になる。

チェーホフ Anton Chekhov
作家／1860~1904

1898年、チェーホフはモスクワ芸術座の女優オリガ・クニッペルと出会い、3年後に結婚。しかしチェーホフは、オリガと交際していた期間にも何人かの女性と「恋」をしていたという。ロシア近代演劇の完成者にして短編小説の名手であった彼は、情熱の人でもあったのだ。右の言葉は『手帖』の一節。異性の目を気にしなくなったら女は色あせ、男は阿呆になる――。未婚者にも既婚者にも戒めの言葉になるだろう。

LOVE 81th

生きた、書いた、愛した。

スタンダール Stendhal
作家／1783~1842

フランス・グルノーブルの裕福な家に生まれたアンリ・ベールは、若年の頃から文学の道を志していたが、曲折あって16歳でフランス陸軍少尉となった。以後およそ15年にわたり彼は軍人や官吏として生き、さまざまな恋を経験する。スタンダールの筆名で作品を発表したのは30代も半ばのとき。しかし生前に小説家として脚光を浴びることはなかった。『赤と黒』『パルムの僧院』といった名作も、発表当時は誰にも顧みられることがなかったのである。スタンダールの墓はパリ市18区のモンマルトル墓地にある。その墓石に、右の言葉が刻まれている。

愛することは、
けっしてたがいに
見つめ合うことではなく、
いっしょに
おなじ方向を見ることだ。

サン＝テグジュペリ（作家）

LOVE 82th

恋のない結婚があるところには、結婚のない恋が生まれるだろう。

フランクリン Benjamin Franklin

政治家／1706~1790

１７３２年、印刷業を営んでいたフランクリンは、余白に「ことわざのような文章」を載せたカレンダーを出版する。文章を書いたのはフランクリン自身で、リチャード・ソーンダースの筆名を用いたため、このカレンダーは『貧しいリチャードの暦』と呼ばれ、以後25年にわたって出版が続けられた。右の言葉もまた、『貧しいリチャードの暦』に掲載されたもの。アメリカ独立運動の功労者にして、避雷針やグラスハーモニカなどの発明者でもあるフランクリンは、著述家としても他に類例を見ない仕事を残したのである。

LOVE 83th

最も長く続く愛は、
報われぬ愛である。

モーム Somerset Maugham
作家／1874~1965

男女の恋愛感情は、ともに過ごす時間が長くなるにつれてその激しさを徐々に失い、ついに平らな海のようになるのが常である。しかしそれは、決して空しいことではない。滑稽なことでもない。報われぬ愛は長きにわたって燃え盛るものだが、それによって幸せになれる者は少ない。代償を得る代わりに、犠牲も大きい。モームはイギリスの作家。代表作『月と六ペンス』は世界文学史に残る名作。第一次大戦中は英国情報局の工作員として活動していたことが、後に明らかになった。

LOVE 89th

恋愛はただ、
性欲の詩的表現を受けたものである。

芥川龍之介 Ryunosuke Akutagawa
作家／1892~1927

随筆『侏儒の言葉』にある言葉。「少なくとも詩的表現を受けない性欲は恋愛と呼ぶに値しない」と続く。恋愛とは何か。この古来の大テーマに、芥川は「性欲の詩的表現」と答えている。なるほど人は往々にして詩的表現とともに異性を求め、性欲を解消する。性的なものを互いにまったく求めない恋愛など存在しないだろう。古今東西、恋愛を美しく崇高なものとして描いた物語が数多ある。だが現実の恋愛は、人間の根源的欲求に端を発するものなのだ。「われわれを恋愛から救うものは理性よりもむしろ多忙である」との言葉もあり。

LOVE 90th

貞淑とは情熱の怠惰である。

ラ・ロシュフコー La Rochefoucauld
モラリスト／1613~1680

フランスの名門貴族の子としてパリに生まれたラ・ロシュフコーは、いくつかの戦乱の果てにその政治生命を失った。失意の底に沈んだ彼は、やがて当時の宮廷で流行していた「格言」の執筆に熱意を燃やすようになり、加筆訂正をくり返したのち、ついに『箴言集』を完成させた。「我々の美徳は、ほとんどの場合、偽装した悪徳にすぎない」という一文から始まる同書は、激しく鋭い警句で満ち溢れている。右に掲げたのも『箴言集』に収められた言葉。ラ・ロシュフコーにかかれば、貞淑な女性とはつまり情熱を失った女性なのである。

LOVE 91th

恋はほどほどにするものだ。
そのような恋こそ長続きする。

シェイクスピア William Shakespeare
劇作家／1564~1616

悲劇『ロミオとジュリエット』の第3幕で、修道僧ロレンスはロミオを右のように諫める。「過激な歓楽は、とかく過激な終わりを遂げる」「速すぎるのは遅すぎるのと同じで、どちらも正しくない」などとロレンスは他にも言葉を尽くすが、周知のとおり、ロミオとジュリエットは悲運の死を遂げる。生きるか、死ぬか。そのような激しい恋は現実には稀だが、恋する心が激しすぎるために、早すぎる別れが訪れることはよくある。相手と末長く付き合いたいのなら、「ほどほど」を心がけることも大切なのだろう。

男女の仲というのは、
夕食を二人っきりで三度して、
それでどうにもならなかったら諦めろ。

小津安二郎 Yasujiro Ozu
映画監督／1903~1963

今なお日本映画界を代表する存在であり、『東京物語』『彼岸花』『秋刀魚の味』などの優れた「家庭映画」を多数残している小津安二郎は、実に意外なことに、生涯独身だった。その理由について、彼自身は何も語っていない。真相は今なお不明である。しかし小津が幾人かの女性と恋をしたことは明らかで、右の言葉もおそらく彼の実体験に根ざしたものであろう。三度夕食を共にして何も起こらなければ、おそらく永遠に何も起こらない。

男は知っていることをしゃべり、
女は人に喜ばれることをしゃべる。

ルソー Jean-Jacques Rousseau
思想家／1712~1778

学問や芸術、あるいは科学技術の発展は、人間を堕落させ不幸にさせるものだと、ルソーは説いた。社会を変革し、教育を変革し、人間はあるべき本来の姿に戻るべきだとも、彼は説いている。その思想は、18世紀当時、あまりにも過激なもので、1762年に刊行された教育論『エミール』は禁書処分とされ、のみならずルソーには逮捕状が出た。右の言葉はその『エミール』の一節。現代においても、いわゆる「夜の蝶」たちは、この原理を知り尽くしている。

女は魅惑するすべを忘れていくにつれ、
憎むことを覚えてくる。

ニーチェ Friedrich Nietzsche
哲学者／1844~1900

喜び多き暮らしには怒りは少なく、悲しみ多き暮らしには笑顔が少ない。人間の感情は、喜怒哀楽が日々均等に発露することは稀で、どれか一つが突出するのが常である。右の言葉は女の愛情のあり方を端的に示してはいるが、逆もまた真実であろう。すなわち、人は憎むことを忘れるにつれ、魅惑するすべを覚えるようになり得るのだ。ニーチェはドイツの哲学者。その鋭い文明批評、人間精神への深い探究は、今なお多くの思想家に影響を及ぼしている。

LOVE 95th

結婚生活——この激しい海原を
乗り越えていく羅針盤は
まだ発見されていない。

イプセン Henrik Ibsen
劇作家／1828~1906

羅針盤が発明されたのは11世紀頃だが、ルネサンス期のヨーロッパにおいて飛躍的な改良がなされ、いわゆる「大航海時代」を導いた。羅針盤の発明（改良）は、火薬と活版印刷とともにルネサンスの三大発明に数えられるが、結婚にまつわる画期的な「発明」を、未だ人類は成し遂げていない。近代演劇の創始者であり、数々の名作を残したイプセンだが、やはり彼も「結婚生活の羅針盤」と呼ぶに足る作品を生み出すことまではできなかった。

LOVE 96th

いつでも逃げ出せるように
精神の距離を遠くとっておくのが
現代における恋愛。

吉本隆明 Takaaki Yoshimoto
文芸評論家/1924~

安保闘争が吹き荒れた60年代、積極的な言論を展開し新左翼の教祖的存在として活躍、戦後日本の思想界に大きな影響を与えた。文学からサブカルチャー、政治、社会、宗教など、その批評活動は多岐に渡り、現在も多くのファンをもつ。「結婚して子供を生み、そして子供に背《そむ》かれ、老いてくたばって死ぬ、そういう生活者をもしも想定できるならば、そういう生活の仕方をして生涯を終える者が、いちばん価値ある存在なんだ」という言葉に、市井の人々への愛が滲む。逃げずに、平凡で偉大な人生を獲得すべし。

LOVE 97th

愛することにかけては
女性こそ専門家で、
男は永遠の素人である。

三島由紀夫 Yukio Mishima
作家／1925~1970

エッセイ『愛するということ』の一節。後段にこうある。「美しい若い女が、大金持の老人の恋人になっているとき、人は打算的な愛だと推測したがるが、それはまちがっている。打算をとおしてさえ、愛の専門家は愛を紡ぎ出すことができるのだ」。専門家、という語が称賛なのか皮肉なのか、判断は難しいところだが、ともかく女性はいかなる相手でも愛せると三島は暗に言うのである。

女性が男性を「こわい」ということは、
「ちょっと魅力があるわ」というのと
同義語であり、
「やさしい」ということは
「甘っちょろい」というのと
同義語なのである。

吉行淳之介 Junnosuke Yoshiyuki
作家/1924~1994

その才能とダンディズム、また女性に対するサービス精神から、とにかく「もてた作家」といえば、まず浮かぶのはこの人ではなかろうか。芥川賞を受賞した『驟雨《しゅうう》』を始め、性を主題に精神と肉体の関係を探り、人間性の深淵にせまる多くの作品を残す一方、軽妙洒脱なエッセイの名手としても人気を博した。実生活では妻とは終生別居、結婚10年後に出会った女優・宮城まり子を事実上の伴侶として過ごし、彼女に看取られてその人生の幕を閉じた。

結婚なんかもしましたけど、
何の役にも立ちゃしません（笑）。

吉行和子 Kazuko Yoshiyuki
女優/1935~

20歳の時に劇団民藝で初舞台を踏んで以来、数々の映画・舞台・ドラマで活躍する女優であり、エッセイストとしても活躍（兄は作家の吉行淳之介）。その間に結婚・離婚を経験。「自分を支えてくれるのは自分しかいないと思ってるもんですから、何とかして自分を支えて楽しく生きたい」というコメントに続くのがこの言葉。そう、「とにかく結婚すればなんとかなる」わけではない。焦るべからず、そしてまた、多大の期待をするべからず。

LOVE 100th

一生の得は良い女房持った人

古諺 Proverb

古今東西、結婚を否定的に捉えた格言は無数にある。そのどれもが人間の真実を照らしたものなのだろうが、むろんのこと結婚生活には喜びや感動、楽しみもあることは否定できない。相手に恵まれさえすれば、人生は結婚によって豊かになるのだ。右の言葉にある「良い女房」は、「良い亭主」と置き換えても同じ。そしてまた、人は努力と心の持ち方によって、より良き女房、より良き亭主になっていくことができるのである。

参考文献

『日本名言名句の辞典』（小学館）
『人を動かす名言名句大辞典』（世界文化社）
『ビジネス名言名句の事典』（主婦と生活社）
『世界名言大辞典』（明治書院）
『世界の名言１００選』（PHP 文庫）
『名言』（里文出版）
『座右の銘』（里文出版）
『座右の銘１３００』（宝島社）
『座右の銘が見つかる本』（三笠書房）
『ドラッカー名言集』（ダイヤモンド社）
『孫正義名語録』（ソフトバンク・クリエイティブ）
『名言の智恵　人生の智恵』（PHP 文庫）
『ゲーテ格言集』（新潮社）
『すごい言葉』（文春新書）
『スティーブ・ジョブズ名語録』（PHP 文庫）
『カーネギー名言集』（創元社）
『プロフェッショナルマネジャー・ノート』（プレジデント社）
『くじけないで』柴田トヨ（飛鳥新社）
『大局観』羽生善治（角川 One テーマ 21）
『ポケットに名言を』寺山修司（角川文庫）
『光る言葉』（主婦の友社）
『翼のある言葉』（新潮社）
『人生に関する４３９の名言』（ふたばらいふ新書）
『生きる勇気をくれる２０２の言葉』（ふたばらいふ新書）

『寅さんから学んだ大切なこと』（Nana ブックス）
『アフォリズム』（サンクチュアリ出版）
『アウトロー１００の言葉』（彩図社）
『キャラ言』（グラフ社）
『心がラクになる後ろ向き名言１００選』（鉄人社）
『世界名言集』（岩波書店）
『人生に、寅さんを。』（キネマ旬報社）
『座右の古典』（東洋経済新報社）
『インディアンの言葉』（紀伊國屋書店）
『中国古典名言事典』（講談社学術文庫）
『アインシュタイン１５０の言葉』（ディスカバー・トゥエンティワン）
『世界ことわざ名言辞典』（講談社学術文庫）
『フランクリン自伝』（岩波書店）
『森の生活』ソロー（岩波書店）
『アラン著作集』（白水社）
『ラ・ロシュフコー箴言集』（岩波書店）
『西郷南洲遺訓』（岩波書店）
『ゲーテとの対話』（岩波書店）
『ギリシア・ローマ名言集』（岩波書店）

このほかにも多数の辞典、書籍、雑誌、新聞、HP 等を
参考にさせて頂きました。御礼申し上げます。

いのちの言葉文庫　い14−8

vol.8 愛《あい》の言葉《ことば》

編者　いのちの言葉　編集部

2011年11月8日　第一刷発行

発行者　平井伸行

発行所　カノンエンターテイメント
〒108-0071
東京都港区白金台3-16-4-202
電話　050-8886-4144（編集）

発売所　株式会社角川春樹事務所
〒102-0074
東京都千代田区九段南2-1-30 イタリア文化会館
電話　03-3263-5881（営業）

印刷・製本　中央精版印刷株式会社

AD／藤村デザイン事務所
Photo／ゲッティ・イメージ

ISBN978-4-7584-3606-9 C0195
http://www.kadokawaharuki.co.jp/